Der Konflikt der Kultur

Georg Simmel

FSC
www.fsc.org
MIXTE
Papier issu
de sources
responsables
Paper from
responsible sources
FSC® C105338

Georg Simmel – Biografie und Bibliografie

Geb. 1. März 1858 in Berlin, gest. 26. September 1918 in Straßburg.

S. verbindet die *psychologisch-genetische*, evolutionistische mit einer *logisch-idealistischen*, an Kant und Hegel orientierten, vielfach »dialektischen« Betrachtungs- und Denkweise. Das *Erkennen* enthält apriorische Faktoren, die aber (als Kategorien) eine Entwicklung durchmachen, nicht unverändert bleiben. Alle Formen und Methoden des Erkennens haben sich im Verlaufe der menschlichen Geistesgeschichte entwickelt und entwickeln sich weiter, so aber, daß das Erkennen eine formende, gesetzgebende Aktivität des Geistes bleibt, welche aus dem Chaos der Erlebnisse erst einen sinnvollen, verständlichen, einheitlichen Zusammenhang gestaltet. Die Kategorien usw. stammen aus »der dem Geiste eigenen Fähigkeit, zu verbinden, zu vereinheitlichen«, können aber als historische Gebilde die Totalität der Weltinhalte nie völlig adäquat aufnehmen. Das Ich hat die Funktion der Einheitsetzung, das Streben zur Einheit. Die *Wahrheit* ist, rein logisch, etwas Zeitloses,

Absolutes, vom subjektiven Denken Unabhängiges, sie gehört dem »dritten Reich«, dem »Reich der ideellen Inhalte« an; diese Inhalte sind wahr, gleichviel ob sie gedacht werden oder nicht. Das Geistige bildet inhaltlich einen geschlossenen Zusammenhang, den unser individuelles Denken unvollkommen nachzeichnet. Die ideellen Inhalte sind nicht, sie gelten, sie sind nicht mit den psychologischen Vorgängen zu verwechseln. Anderseits hat die Wahrheit auch eine biologisch-evolutionistische Seite. Wahr sind hier jene Vorstellungen, die, als reale Kräfte in uns wirksam, »uns zu nützlichem Verhalten veranlassen« (vgl. James). Durch Selektion haben sich bestimmte Vorstellungen als wahr erhalten, nämlich jene, »die sich als Motive des zweckmäßigen, lebenfördernden Handelns erwiesen haben« (vgl. Nietzsche). »Die Nützlichkeit des Erkennens erzeugt zugleich für uns die Gegenstände des Erkennens.« Es gibt so viele prinzipielle »Wahrheiten«, als es verschiedene Organisationen und Lebensanforderungen gibt. Das Objektive und Wahre bedeutet die »gattungsmäßige Vorstellung«.

Auch in der *Ethik* verbindet S. die genetisch-relativistische Betrachtungsweise betreffs der empirischen Einzeltatsachen mit einem gewissen

Apriorismus und Idealismus. So ist das *Sollen* etwas Ursprüngliches und Objektives, als eine Forderung, die mit der Sache selbst gegeben ist, als ein »in dem Verhältnis von Seele und Welt präformiertes Sollen, das einer besonderen, aber nicht weniger übersubjektiven Logik unterliegt, wie das Sein«. Unser Bewußtsein empfindet Forderungen an sich, die es durch den Willen realisieren kann. Das Sollen schlechthin ist eine »Urtatsache«, eine »ursprüngliche Kategorie«, mag auch der Inhalt des Sollens noch so wechseln und sozial-historisch bedingt sein. Tatsächlich sind es immer »historische Zustände der Gattung, die in dem Einzelnen zu triebhaftem Sollen werden«. Der »Wille der Gattung« kommt in uns zum Ausdruck, kündigt sich imperativisch an. Ein ungeheurer Teil der an uns gestellten Ansprüche ist sozialen Inhalts, ohne daß dadurch die Unbedingtheit des idealen Sollens überhaupt, die »innere Logik ideeller Ansprüche« beeinträchtigt wird. Das *sittlich Gute* besteht nicht im Anstreben des Glücks u. dgl. (gegen den Eudämonismus), sondern es ist eine »unmittelbare Qualität und Lebensform des Willensprozesses«. Etwas ist gut, weil und wofern es Inhalt eines an sich guten Willens ist. Die moralischen Imperative sind »Ausmündungen, Ausformungen,

Substantialisierungen des guten Willens«. Die Sittlichkeit liegt nicht im Material des Willens, sondern in diesem selbst, in dessen Funktion. Das Ideal des sittlichen Verhaltens liegt im Unendlichen. Das Sollen kann sich an den verschiedensten Inhalten verwirklichen; die Einheit des Zieles ist nicht notwendig, es genügt die Einheit der psychologisch-ethischen Funktion, die den Zweck trägt. Ursprünglich ist das sozial Erforderte die Norm des Verhaltens der Einzelnen. Den »kategorischen Imperativ« Kants kritisiert S. nach der Richtung der Versöhnung des Individualismus mit der Allgemeinheit des Handelns. Das *Gewissen* ist nach S. gleichsam ein »rückwärts gewandter Instinkt«; es ist die.Lust oder Unlust der Gattung über die Tat, die in uns zum Ausdruck kommt. Der *Altruismus* ist ebenso primär wie der Egoismus, er ist »Gruppenegoismus«, ein vererbter Instinkt. Sehr oft. »machen die Motivierungen unserer Handlungen... an Punkten Halt, die völlig und definitiv außerhalb unser selbst liegen«. Auch enthält das Ich noch eine Fülle von Motiven außer dem »Glück«. – Die *Freiheit* des Willens bedeutet, daß sich der Charakter des Ich ungehindert im Wollen ausprägen kann, das Vermögen, das für uns wertvolle Wollen realisieren zu können. Freiheit ist »Selbstbestimmung«, sie ist zugleich, weil das Ich nur so sein kann, wie es ist, Notwendigkeit. Die *Verantwortlichkeit* ist nicht aus der Willensfreiheit abzuleiten, sondern umgekehrt: »Derjenige ist frei, den man mit Erfolg verantwortlich machen kann.« Zurechnungsfähig ist jemand, wenn die strafende Reaktion auf seine Tat bei ihm den Zweck: der Strafe erreicht.

Die Grundfrage der *Geschichtsphilosophie* ist die: wie ist Geschichte möglich? Geschichte ist nur durch Kategorien, apriorische Verbindungsformen möglich, sie ist kategorial verbreitete Wirklichkeit und daher hat die Geschichtsphilosophie die »Aprioritäten festzustellen und zu erörtern, durch welche aus dem Erleben... Geschichte als Wissenschaft wird«. Die Kompliziertheit des historischen Geschehens gestattet nicht die Aufstellung eigener historischer Gesetze, wenn auch das Historische auf (biologisch-psychologischen) Gesetzmäßigkeiten beruht. Das ganze Spiel der Geschichte ist die Folge, Erscheinung oder Synthese dieser primären Gesetzmäßigkeiten, geht aber nicht aus einem besonderen Gesetz hervor.

Die *Soziologie* ist die »Wissenschaft vom Gesellschaftlichen als solchen, von den Formen der Vergesellschaftung, von den Beziehungsformen der Menschen zueinander«. Die Soziologie ist keine Universalwissenschaft vom Menschen u. dgl., sondern eine besondere Methode; sie abstrahiert vom Inhalt des Gesellschaftlichen, achtet nur auf dieses, wie der Mathematiker etwa nur auf die geometrische Form, nicht auf das Material der Körper achtet. Die Soziologie, hat die »Kräfte, Beziehungen und Formen zum Gegenstand, durch die die Menschen sich vergesellschaften«, sie ist die »Lehre von dem Gesellschaft-Sein der Menschheit«. »Gesellschaft im weitesten Sinne ist offenbar da vorhanden, wo mehrere Individuen in Wechselwirkung treten. Die besonderen Ursachen und Zwecke, ohne die natürlich nie eine Vergesellschaftung erfolgt, bilden gewissermaßen den Körper, das Material des sozialen Prozesses; daß der Erfolg dieser Ursachen, die Förderung dieser Zwecke gerade eine Wechselwirkung, eine Vergesellschaftung unter den Trägern hervorruft, das ist die Form, in die jene Inhalte sich kleiden.« Solche Formen sind Über- und Unterordnung, Konkurrenz, Arbeitsteilung usw.; wichtig sind besonders auch die kleinen, flüchtigen Wechselwirkungen von

Person zu Person. Die sozialen Verbindungen erwachsen aus bestimmten Trieben oder Willenstendenzen (Zielen), sind etwas Psychisches, aber nichts Psychologisches, denn die Soziologie hat es nicht mit psychologischen Vorgängen, sondern mit Inhalten solcher zu tun, mit Kombinationen soziologischer Kategorien, mit etwas Sachlichem. Es gibt keinen Gesamtgeist, wohl aber eine seelische Beeinflussung der Individuen durch ihre Vergesellschaftung. In der Gesellschaft herrscht Arbeitsteilung und Differenzierung, verbunden mit Integrierung, indem jede Befreiung zu einer neuen Bindung führt. Die Religion wurzelt in den Gesamttendenzen der Persönlichkeit und ihrer Beziehung zum All.

SCHRIFTEN: Das Wesen der Materie nach Kants physischer Monadologie, 1881. – Über soziale Differenzierung, 1890; 3. A. 1906, – Einleit. in die Moralwissenschaft, 1892-93; 2. A. 1901. – Die Probleme der Geschichtsphilosophie, 1892; 2. A. 1905; 3. A. 1907. – Philosophie des Geldes, 1900; 2. A. 1907. – Vorlesungen über Kant, 1904; 2. A. 1905. – Die Religion, 1906. – Schopenhauer u. Nietzsche, 1906. – Soziologie, 1908. – Hauptprobleme der Philosophie, 1910. – Das Problem der Soziologie, Schmollers Jahrbücher,

Bd. 18, 1894. – Skizze einer Willenstheorie, Zeitschr, f. Psychol. d. Sinnesorgane, Bd. 9, – Beitrag zur Erkenntnistheorie der Religion, Zeitschr. f. Philos., Bd. 118. – Über eine Beziehung der Selektionslehre zur Erkenntnis, Archiv f. systemat, Philos., 1895. – Über die Grundfrage des Pessimismus, Zeitschr. f. Philos., Bd. 90. – Zur Psychologie der Frau, Zeitschr. f. Völkerpsychol, 1890, u. a.

Der Konflikt der Kultur

I.

Sobald das Leben über das bloß Animalische hinaus zur Stufe des Geistes vorgeschritten ist und der Geist seinerseits zur Stufe der Kultur, wird in ihm ein innerer Gegensatz offenbar, dessen Entwicklung, Austrag, Neuentstehung den ganzen Weg der Kultur ausmacht.

Offenbar nämlich sprechen wir von Kultur, wenn die schöpferische Bewegung des Lebens gewisse Gebilde hervorgebracht hat, an denen sie ihre Äußerung, die Formen ihrer Verwirklichung findet, und die ihrerseits die Flutungen des nachkommenden Lebens in sich aufnehmen und ihnen Inhalt und Form, Spielraum und Ordnung geben: so die sozialen Verfassungen und die Kunstwerke, die Religionen und die wissenschaftlichen Erkenntnisse, die Techniken und die bürgerlichen Gesetze und unzähliges andere.

Aber diese Erzeugnisse von Lebensprozessen haben das Eigentümliche, daß sie im Augenblick ihres Entstehens schon einen eigenen festen Bestand haben, der mit dem ruhelosen Rhythmus des Lebens selbst, seinem Auf- und Niedergang, seiner steten Erneuerung, seinen unaufhörlichen Spaltungen und Wiedervereinigungen nichts mehr zu tun hat.

Sie sind Gehäuse des schöpferischen Lebens, das sie aber wieder verläßt, und des nachströmenden, das aber schließlich in ihnen nicht mehr unterkommt.

Sie zeigen eine eigene Logik und Gesetzlichkeit, einen eigenen Sinn und Widerstandskraft, in einer gewissen Abgelöstheit und Selbständigkeit gegenüber der seelischen Dynamik, die sie schuf; im Augenblick dieses Schaffens entsprechen sie vielleicht dem Leben, aber im

Maße seiner Weiterentfaltung pflegen sie in starre Fremdheit,)a Gegensätzlichkeit zu ihm zu geraten.

Hier nun liegt der letzte Grund davon, daß die Kultur eine *Geschichte*hat.

Wenn das geistgewordene Leben fortwährend solche Gebilde schafft, die eine Geschlossenheit in sich selbst und einen Anspruch auf Dauer, ja auf Zeitlosigkeit tragen, so mag man sie als die *Formen* bezeichnen, in die dieses Leben sich kleidet, als die notwendige Art, ohne die es nicht in die Erscheinung treten, ohne die es nicht geistiges Leben sein kann.

Es selbst aber strömt unablässig weiter, seine ruhelose Rhythmik tritt an jedem neuen Gehalt, in dem es sich eine neue Daseinsform schafft, in Widerspruch gegen dessen feste Dauer oder zeitlose Gültigkeit.

In rascherem oder langsamerem Tempo nagen die Kräfte des Lebens an jedem einmal entstandenen Kulturgebilde; sowie es zu seiner vollen Ausbildung gelangt ist, beginnt darunter schon das nächste sich zu formen, das es nach kürzerem oder längerem Kampfe zu ersetzen bestimmt ist.

Als Gegenstand der Geschichte in ihrem größten Sinn erscheint der Wandel der Kulturformen.

Dies ist die äußere Erscheinung, mit der die Geschichte als empirische Wissenschaft sich begnügt, indem sie in jedem einzelnen Fall die konkreten Träger und Ursachen jenes Wandels herausstellt.

Der Tiefenvorgang dürfte aber der sein, daß das Leben vermöge seines Wesens als Unruhe, Entwicklung, Weiterströmen, gegen seine eigenen festgewordenen Erzeugnisse, die mit ihm nicht mitkommen, dauernd ankämpft; da es aber seine eigene Außenexistenz nicht anders finden kann als eben in irgendwelchen Formen, so stellt sich dieser Prozeß sichtbar und benennbar als Verdrängung der alten Form durch eine neue dar.

Der fortwährende Wandel der Kulturinhalte, schließlich der ganzen Kulturstile, ist das Zeichen oder vielmehr der Erfolg der unendlichen Fruchtbarkeit des Lebens, aber auch des tiefen Widerspruchs, in dem sein ewiges Werden und Sich-Wandeln gegen die objektive

Gültigkeit und Selbstbehauptung seiner Darbietungen und Formen steht, an denen oder in denen es lebt.

Es bewegt sich zwischen Stirb und Werde - Werde und Stirb.

Dieser Charakter des geschichtlichen Kulturprozesses ist zuerst an wirtschaftlichen Entwicklungen festgestellt worden.

Die wirtschaftlichen Kräfte jeder Epoche erzeugen eine ihnen gemäße Produktionsform.

Sklavenwirtschaft und Zunftverfassung, bäuerliche Schollenpflichtigkeit und freies Lohnarbeitertum oder welche Arbeitsorganisationen immer - als sie sich bildeten, waren sie der adäquate Ausdruck dessen, was die Zeit konnte und wollte.

Aber innerhalb ihrer Normierungen und Schranken wuchsen jeweils wirtschaftliche Kräfte auf, deren Maß und Art sich in ihnen nicht ausleben konnten und die den immer drückenderen Zwang der jeweiligen Form in langsameren oder akuteren Revolutionen sprengten, um eine andere, diesen jetzigen Kräften angemessene Produktionsart an ihre Stelle zu setzen.

Aber diese letztere hat doch in sich, als Form, keine Energie, die eine andere verdrängen könnte.

Es ist das Leben selbst - hier in seiner wirtschaftlichen Auszweigung - mit seinem Drängen und Überholen-Wollen, seinem Sich-Wandeln und Differenzieren, das die Dynamik zu der ganzen Bewegung hergibt, das aber, an sich formlos, doch nur als Geformtes zum Phänomen werden kann.

Dennoch beansprucht diese Form, ihrem Wesen als Form nach, und auf rein geistigen Gebieten noch sichtbarer als auf wirtschaftlichem, im Augen blick ihres Aufkommens eine übermomentane, von der Pulsierung des Lebens selbst emanzipierte Gültigkeit; und darum setzt sich gegen diese das Leben eigentlich von vornherein in latente Opposition, die bald in dieser, bald in jener Provinz unseres Seins und Tuns zum Ausbruch kommt.

Und dies kann sich schließlich zu einer Gesamtnot der Kultur akkumulieren, in der das Leben *die Form als solche* wie etwas ihm Aufgedrungenes empfindet, die Form überhaupt, nicht nur diese und jene durchbrechen und in seine Unmittelbarkeit aufsaugen will, um sich selbst an ihre Stelle zu setzen, seine eigene Kraft und Fülle so und nur so strömen zu lassen, wie sie eben aus seiner Quelle bricht, bis alle Erkenntnisse, Werte und Gebilde nur noch als seine umweglosen Offenbarungen gelten können.

Jetzt erleben wir diese neue Phase des alten Kampfes, der nicht mehr Kampf der heute vom Leben gefüllten Form gegen die alte, leblos gewordene ist, sondern Kampf des Lebens gegen die Form überhaupt, gegen das Prinzip der Form.

Der Tatsache nach haben die Moralisten, die Lobredner der alten Zeit, die Menschen des strengen Stilgefühles recht, wenn sie über die allenthalben sich steigernde "Formlosigkeit" des modernen Lebens klagen.

Nur pflegen sie zu übersehen, daß nicht nur etwas Negatives, das Absterben der überlieferten Formen geschieht, sondern ein durchaus positiver Lebensdrang diese Formen abstößt.

Weil aber die Breite dieses Geschehens ihn zu der Konzentrierung zu neuem Formschaffen noch nicht kommen läßt, macht er sozusagen aus dieser Not ein Prinzip und glaubt gegen die Form, bloß weil sie Form ist, kämpfen zu sollen.

Vielleicht ist dies nur in einer Epoche möglich, in der die Kulturformen überhaupt als erschöpfter Boden empfunden werden, der hergegeben hat, was er hergeben konnte, während er doch noch ganz und gar von den Erzeugnissen seiner früheren Fruchtbarkeit bedeckt ist.

Gewiß, im 18. Jahrhundert geschah Ähnliches, aber einmal geschah es durch einen viel längeren Zeitraum hindurch, von der englischen Aufklärung des 17. Jahrhunderts bis zur Französischen Revolution, und dann stand hinter jedem Umsturz das ganz feste neue Ideal: die Befreiung des Individuums, das Vernünftigwerden des Lebens, der sichere Fortschritt der Menschheit zu Glück und Vollkommenheit.

Und aus ihm stieg, die Menschen innerlich sichernd, das Bild neuer, irgendwie schon vorbereiteter Kulturformen auf.

So kam es nicht zu der Kulturnot, die wir kennen, die wir Älteren allmählich wachsen sahen, bis zu dem Grade, daß überhaupt nicht mehr eine neue Form den Kampf gegen eine alte aufnahm, sondern auf allen möglichen Gebieten das Leben sich dagegen empört, in irgendwie festen Formen verlaufen zu sollen.

Es ist wie ein Vorstadium dieser nun deutlich gewordenen Lage, daß in der philosophischen Deutung der Welt schon vor Jahrzehnten der Begriff des Lebens herrschend zu werden begonnen hat.

Um dieser Erscheinung ihren richtigen Platz innerhalb des geistesgeschichtlichen Gesamtraumes anzuweisen, muß ich ein wenig weiter ausholen.

In jeder großen, entschieden charakterisierten Kulturepoche kann man je einen Zentralbegriff wahrnehmen, aus dem die geistigen Bewegungen hervorgehen, und auf den sie zugleich hinzugeben scheinen; mag nun die Zeit selbst über ihn ein abstraktes Bewußtsein haben, oder mag er nur der ideelle Brennpunkt für jene Bewegungen sein, den erst der spätere Beobachter in seinem Sinn und seiner Bedeutung für sie erkennt.

Jeder solche Zentralbegriff findet natürlich unzählige Abwandlungen, Verhüllungen, Gegnerschaften, aber mit alledem bleibt er der "heimliche König" der Geistesepoche.

Für jede solche liegt er da - und das macht seinen Ort auffindbar -, wo das höchste Sein, das Absolute und Metaphysische der Wirklichkeit mit dem höchsten Wert, mit der absoluten Forderung an uns selbst und an die Welt zusammentrifft.

Gewiß liegt hierin ein logischer Widerspruch: was unbedingteste Realität ist, braucht nicht erst realisiert zu werden, von dem unbezweifeltsten Sein kann man ersichtlich nicht sagen, daß es erst sein soll.

Aber um diese begriffliche Schwierigkeit kümmern sich die Weltanschauungen in ihren letzten Aufgipfelungen nicht, und gerade wo sie ihn begehen, wo die sonst gegeneinander fremden Reihen des Seins und des Sollens sich begegnen, kann man sicher sein, an einem wirklichen Zentralpunkt des jeweiligen Weltbildes zu stehen.

Nur in größter Kürze deute ich hier an, was mir für weite Epochen als ein solcher Zentralbegriff erscheint.

In der griechischen Klassik war es die Idee des *Seins,* des einheitlichen, substantiellen, göttlichen, das aber nicht pantheistisch gestaltlos war, sondern in sinnvollen plastischen Formen gegeben und zu ihnen zu gestalten.

An seine Stelle setzte das christliche Mittelalter den Gottesbegriff, Quell zugleich und Ziel aller Wirklichkeit, unbedingter Herr unserer Existenz und doch von ihr freien Gehorsam und Hingabe erst fordernd.

Diesen obersten Platz nahm seit der Renaissance allmählich der Begriff der Natur ein.

Sie erschien als das Unbedingte, das allein Seiende und Wahre, zugleich aber als das Ideal, als ein erst Darzustellendes und Durchzusetzendes; zuerst im Künstlertum, für das ja von vornherein die Einheit des letzten Kernes der Wirklichkeit und des wertmäßig Höchsten unerläßliche Lebensbedingung ist.

Dann hat das 17-Jahrhundert die Weltanschauung um den Begriff des Naturgesetzes als des allein wesenhaft Gültigen zentriert, und das Jahrhundert Rousseaus hat die

"Natur" als Ideal, als den absoluten Wert, Sehnsucht und Forderung darüber gebaut.

Daneben arbeitet sich am Ende der Epoche das Ich, die seelische Persönlichkeit, als Zentralbegriff auf, indem einerseits das ganze Dasein als schöpferische Vorstellung des bewußten Ich auftritt, andrerseits die Persönlichkeit doch erst zur Aufgabe wird, das Durchsetzen des reinen Ich oder auch der Individualität als der absolute sittliche Anspruch, ja als das metaphysische Weltziel erscheint.

Das 19. Jahrhundert hat in der bunten Vielheit seiner geistigen Bewegungen keinen gleich umfassenden Leitgedanken aufgebracht.

In der Beschränkung auf das Menschliche könnte man hier an den Begriff der Gesellschaft denken, die im 19.Jahrhundert zuerst als unsere eigentliche Lebensrealität verkündet wurde, das Individuum ein bloßer Kreuzungspunkt sozialer Reihen oder gar eine Fiktion wie das Atom; andrerseits aber wird doch gerade ein Aufgehen in der Gesellschaft erst *gefordert,* die absolute

Hingabe an sie sei das absolute Sollen, das das sittliche und jegliches andere in sich schlösse.

Erst um die Wende des 20. Jahrhunderts schienen weitere Schichten des geistigen Europa gleichsam die Hand nach einem neuen Grundmotiv für den Aufbau einer Weltanschauung auszustrecken: der Begriff des *Lebens*strebt zu der zentralen Stelle auf, in der Wirklichkeit und Werte - metaphysische wie psychologische, sittliche wie künstlerische ihren Treffpunkt haben.

Welche Einzelerscheinungen nun, die zuvor geschilderte Allgemeintendenz der jüngsten Kultur tragend, in der vielgestaltigen "Metaphysik des Lebens" den Boden für ihr Wachstum, die Rechtfertigung für ihre Richtungen und ihre Konflikte und Tragödien finden - wird nachher zu verfolgen sein.

Aber es muß noch gesagt werden, wie merkwürdig die aufkommende weltanschauliche Bedeutung des Lebensbegriffes sich vorwegnehmend damit bestätigt hat, daß die großen Antagonisten der modernen Wertgefühle, Schopenhauer und Nietzsche, sich gerade in ihr zusammenfinden.

Schopenhauer ist der erste neuzeitliche Philosoph, der innerhalb der tiefsten und entscheidenden Schicht nicht nach irgendwelchen *Inhalten*Lebens, nach Ideen oder Seinsbeständen fragt, sondern ausschließlich: Was ist das Leben, was ist seine Bedeutung rein als Leben?

Daß er den Ausdruck nicht braucht, sondern nur vom Willen zum Leben oder vom Willen überhaupt spricht, darf an dieser Grundeinstellung nicht irre machen.

Jenseits all seines spekulativen Hinausgreifens über das Leben, ist "Wille" eben seine Antwort auf die Frage nach der Bedeutung des Lebens als solchen.

Und diese besagt, daß das Leben keinen Sinn und Zweck außerhalb seiner selbst erreichen kann, weil es immer seinen eigenen, in tausend Formen verkleideten Willen ergreift; gerade indem es seiner metaphysischen Wirklichkeit nach nur in sich selbst bleiben kann, kann es an jedem scheinbaren Ziel nur Enttäuschung und endlos weitertreibende Illusionen finden.

Nietzsche aber, ganz ebenso von dem Leben als der alleinigen Bestimmung seiner selbst, als der alleinigen Substanz aller seiner Inhalte ausgehend, hat den ' dem Leben von außen versagten sinngebenden Zweck im Leben selbst gefunden, das seinem Wesen nach Steigerung, Mehrwerden, Entwicklung zu Fülle und Macht, zu Kraft und Schönheit aus sich selbst heraus ist, - nicht an einem angebbaren Ziele, sondern an der Entwicklung seiner selbst, dadurch, daß es *mehr* Leben wird, einen Wert gewinnend, der sich ins Unendliche erhöht.

Aus wie tiefen Wesensgegensätzen heraus, jeder verstandesmäßigen Vermittlung oder Entscheidung spottend, hier auch die Verzweiflung am Leben und der Jubel über das Leben einander entgegenstehen - die Grundfrage ist ihnen gemeinsam und scheidet sie von allen früheren Philosophen - die Grundfrage: Was bedeutet das Leben, was ist sein Wert bloß als Leben?

Nach dem Erkennen und der Moral, nach dem Ich und der Vernunft, nach der Kunst und Gott, nach Glück und Leiden können sie erst fragen, nachdem sie sich jenes erste Rätsel gelöst haben, und seine Lösung entscheidet über all solches; erst die Urtatsache des Lebens gibt allem Sinn und Maß, positiven oder negativen Wert.

Der Begriff des Lebens ist der Schnittpunkt der beiden entgegengesetzt laufenden Gedankenlinien, die den Grundentscheidungen des modernen Lebens den Rahmen gegeben haben.

Ich versuche nun an einigen Erscheinungen der neuesten, das heißt bis 1914 entwickelten Kultur die entscheidende Abweichung von allem bisherigen Kulturwandel darzustellen, in welchem immer die Sehnsucht nach einer neuen Form die alte gestürzt hat; während wir jetzt als das letzte Motiv der Entwicklungen auf diesem Gebiete, auch wo das Bewußtsein scheinbar oder wirklich zu neuen Gebilden vorschreitet, dennoch als ihre letzte Triebfeder die Gegnerschaft gegen das Prinzip der Form überhaupt heraushören können.

Es ist vielleicht - um dies noch vorauszuschicken - nur ein anderer Ausdruck für das, der benennbaren Erscheinung nach Negative dieser Geistesbewegung, daß wir mindestens seit einer Reihe von Jahrzehnten nicht mehr unter einer irgendwie gemeinsamen Idee leben, ja in weitem Ausmaß überhaupt nicht unter einer Idee - wie das Mittelalter seine kirchlich christliche Idee hatte, und die Renaissance den Wiedergewinn der irdischen Natur als eines Wertes, der nicht erst durch Legitimation von transzendenten Mächten her galt, wie die Aufklärung des 18. Jahrhunderts, die für die Idee des allgemeinen Menschenglücks durch die Herrschaft der Vernunft lebte, und die große Zeit des deutschen Idealismus, die die Wissenschaft durch künstlerische Phantasie verklärte und der Kunst durch wissenschaftliche Erkenntnis ein Fundament von kosmischer Breite geben wollte.

Würde man aber heut die Menschen der gebildeten Schichten fragen, unter welcher Idee sie eigentlich leben, so würden die meisten eine spezialistische Antwort aus ihrem Beruf heraus geben; aber von einer Kulturidee, die sie als ganze Menschen und die alle Sonderbetätigungen beherrschte, würde man selten hören.

Ist das eigentümliche Stadium des geschichtlichen Wandels schon innerhalb der einzelnen Kulturprovinz jetzt dies, daß die reine Unmittelbarkeit des Lebens in die Erscheinung treten will und, soweit sie dies doch nur in irgendeiner Form kann, durch deren Unzulänglichkeit gerade jenes eigentlich entscheidende Motiv verrät - so fehlt nicht nur sozusagen das Material für eine zusammenfassende Kulturidee, sondern die Gebiete, deren Neubildungen von ihr zu umgreifen wären, sind viel zu mannigfaltig, ja heterogen, um eine solche ideelle Vereinheitlichung zuzulassen.

- Auf das Einzelne übergehend, spreche ich nun zuerst von künstlerischen Erscheinungen.

Aus den durcheinanderlaufenden Bestrebungen, deren Ganzheit als Futurismus bezeichnet wird, scheint sich nur die als Expressionismus charakterisierte Richtung mit einer einigermaßen bezeichenbaren Einheit und Deutlichkeit herauszuheben.

Täusche ich mich nicht, so ist es der Sinn des Expressionismus, daß die innere Bewegtheit des Künstlers sich ganz unmittelbar so, wie sie erlebt wird, in das Werk oder genauer noch als das Werk fortsetze.

Sie soll das nicht an einer Form tun oder sich in eine Form gießen, die ihr von einer Existenz außerhalb ihrer, einer realen oder auch einer ideellen, aufgedrungen würde.

Darum hat sie nichts mit der Nachbildung eines Seins oder Geschehens zu tun, weder in dessen objektiver naturgesetzlicher Gestalt, noch, wie es der Impressionismus wollte, in der unseres momentanen sinnlichen Eindrucks von ihm; denn auch dieser ist schließlich nicht die rein eigene, ausschließlich von innen bestimmte Produktion des Künstlers, sondern die Impression selbst ist etwas Passives, Abhängiges und das sie widerspiegelnde Werk eine Art Mischung des künstlerischen Selbstlebens mit der Fremdheit eines Gegebenen.

Und wie dieses dem Inhalt nach Außersubjektive abgewiesen wird, ebenso diejenige Formgebung im engeren Sinne, die an den Künstler erst von irgendwoher herantritt, von der Tradition und der Methode, von einem Vorbild und einem festgestellten Prinzip.

Alles dies sind Hemmungen des Lebens, das sich aus sich selbst heraus schöpferisch ergießen will und deshalb, wenn es sich solchen Formen fügte, sich nur als ein abgebogenes, starr gewordenes, unechtes in dem Werk fände.

Ich möchte mir das Schaffen des expressionistischen Malers (und entsprechend, nur nicht so einfach ausdrückbar, in allen anderen Künsten) bei absoluter Reinheit so vorstellen, daß seine seelische Bewegtheit sich ohne weiteres in die Hand, die den Pinsel hält, fortsetzt - wie die Geste die innere Bewegtheit, der Schrei den Schmerz ausdrückt -, daß deren Bewegungen ihr widerstandslos gehorchen, so daß das auf der Leinwand schließlich dastehende Gebilde der unmittelbare Niederschlag des inneren Lebens ist, das nichts Äußerliches und Fremdes in seine Entfaltung hineingelassen hat.

Daß auch expressionistische Bilder nach einem Objekt tituliert werden, mit dem sie gar keine "Ähnlichkeit" haben, ist zwar befremdend genug und vielleicht überflüssig, aber doch nicht so sinnlos, wie es nach den bisherigen artistischen Voraussetzungen scheinen muß.

Denn jene innere Bewegtheit des Künstlers, die als expressionistisches Werk nur ausströmt, kann freilich aus unauffindbaren oder namenlosen Quellflüssen der Seele kommen.

Sie kann aber natürlich auch dem Reiz durch ein äußeres Objekt entstammen.

Und während man bisher meinte, daß der künstlerisch produktive Erfolg solcher Anregung eine morphologische Ähnlichkeit mit dem, wovon sie ausging, zeigen müßte (auf dieser Voraussetzung ruhte der ganze Impressionismus), hat der Expressionismus diese Voraussetzung aufgelöst; er macht Ernst damit, daß eine Ursache und ihre Wirkung keinerlei Gleichheit ihrer äußeren Erscheinungsform zu haben, daß die nur innerlichen dynamischen Beziehungen beider sich in keine anschauliche Verwandtschaft fortzusetzen brauchen.

So kann der Anblick einer Geige oder eines menschlichen Gesichts in dem Maler Affekte auslösen, die, in Umsetzungen durch seine künstlerischen Energien, schließlich ein völlig anders aussehendes Gebilde aus sich entlassen.

Man könnte sagen, der expressionistische Künstler setze an die Stelle des "Modells" die "Veranlassung", die sein inhaltlich nur sich selbst gehorsames Leben zu einer Bewegung anregt.

Auf den abstrakten Ausdruck gebracht, der doch die ganz reale Willenslinie zeichnet, ist es der

Kampf des Lebens um sein Selbst-Sein; es will, wo es sich ausspricht, eben nur sich selbst aussprechen und durchbricht deshalb jede Form, die ihm von einer anderen Wirklichkeit, die um ihrer Wirklichkeit willen, oder von einem Gesetz, das um des Gesetzes willen gilt, auferlegt werden soll.

Gewiß, begrifflich angesehen, hat auch das schließlich dastehende Gebilde eine Form.

Allein sie ist hier der künstlerischen Intention nach nur eine sozusagen unvermeidliche Äußerlichkeit, sie hat nicht, wie die Formen aller anderen Kunstideale, eine Bedeutung an sich selbst, die von dem schaffenden Leben nur getragen, nur verwirklicht würde.

Deshalb ist diese Kunst auch gegen Schönheit oder Häßlichkeit gleichgültig, die sich an die Erscheinung solcher Formen heftet, während das Leben in seinem nicht von einem Ziel bestimmten, sondern von einer Kraft getriebenen Ausströmen, seine Bedeutung jenseits von Schönheit und Häßlichkeit hat.

Wenn die Werke, die dabei herauskommen, uns nicht befriedigen, so bestätigt dies nur, daß eine neue Form eben nicht gefunden ist und sozusagen nicht in Frage steht.

Nachdem die Gestaltung dasteht, der zeugende Lebensprozeß sie verlassen hat, zeigt sich, daß sie den eigenen Sinn und Wert nicht besitzt, den man von dem objektiv Dastehenden, von seinem Schöpfer Gelösten fordert, den aber dieses, nur sich selbst ausdrückende Leben, gleichsam eifersüchtig, dem Gebilde nicht gegönnt hat.

Vielleicht hegt in dieser prinzipiellen Richtung schon die eigentümliche Vorliebe, die sich seit einiger Zeit für die Alterskunst der großen Künstler bemerkbar macht.

Hier ist das schöpferische Leben so souverän es selbst, so reich an sich selbst geworden, daß es jede Form, die irgendwie traditionell oder mit anderen geteilt ist, abstößt, daß seine Äußerung im Kunstwerk nichts anderes ist, als sein jeweiliges eigenstes Verhängnis.

So zusammenhängend und sinnvoll das Werk von diesem her sei, so erscheint es vom Standpunkt der hergebrachten Formen aus oft zersplittert, ungleichmäßig, wie aus Fragmenten bestehend.

Dies ist nicht senile Unfähigkeit zur Gestaltung, keine Altersschwäche, sondern Altersstärke.

Der große Künstler ist in dieser Epoche seiner Vollendung so rein er selbst, daß sein Werk nur das an Form noch zeigt, was die Strömung seines Lebens von selbst erzeugt: ihr Eigenrecht hat die Form ihm gegenüber verloren.

Nun wäre es zwar prinzipiell durchaus möglich, daß eine Form, die rein als Form vollkommen und in sich bedeutsam ist, der völlig adäquate Ausdruck jenes unmittelbaren Lebens ware und ihm anläge wie eine organisch gewachsene Haut; und bei den großen, eigentlich klassisch zu nennenden Werken ist dies zweifellos der Fall.

Allein von diesen abgesehen, offenbart sich hier ein eigentümliches Strukturverhältnis der geistigen Welt, das weit über seine Folgen für die Kunst hinwegreicht.

Man wird behaupten dürfen, daß sich in der Kunst etwas ausspricht, was jenseits der - in Vollendung zu Gebote stehenden - Form der Kunst lebt.

In jedem großen Künstler und jedem großen Kunstwerk ist ein Tieferes, Breiteres, aus verborgeneren Quellen Fließendes enthalten, als die Kunst in ihrem rein artistischen Sinne hergibt, das aber von ihr aufgenommen und zu Darstellung und Merkbarkeit gebracht wird.

Während dieses Etwas nun in jenen klassischen Fällen gänzlich mit ihr verschmilzt, wird sein Gefühltwerden, sein Bewußtsein, in *den* Fällen etwas mehr Gesondertes, von sich aus Sprechendes, in denen es der Form der Kunst geradezu widerstreitet, ja sogar sie zerstört.

So das innere Schicksal, das Beethoven in den letzten Werken aussprechen will.

Hier ist nicht eine bestimmte Kunstform zerbrochen, sondern die Kunstform überhaupt ist von etwas anderem, Weiterem, aus einer anderen Dimension Kommendem überwältigt.

So in der Metaphysik.

Ihre Absicht ist doch Erkenntnis der Wahrheit.

Aber es will sich in ihr etwas aussprechen, was jenseits von Erkenntnis liegt und dieses Mehr oder Tiefer oder nur Anderes dadurch unverkennbar macht, daß es die Wahrheit als solche vergewaltigt, das Widerspruchsvolle, zweifellos Widerlegbare behauptet.

Es gehört zu den typischen Paradoxien des Geistes - die freilich der bequeme Optimismus der Flachheit zu verleugnen pflegt -, daß manche Metaphysik als Lebenssymbol oder als ausgedrücktes Verhältnis eines Typus Mensch zum Seinsganzen nicht so wahr wäre, wenn sie als "Erkenntnis" wahr wäre.

Vielleicht ist auch in der Religion etwas, was nicht Religion ist, ein tieferes Jenseits-Ihrer, das es bewirkt, daß jede ihrer konkreten Formen, in denen sie doch wirklich Religion ist, gesprengt wird, und das sich als Ketzertum und Abfall offenbart.

Daß in einem Menschenwerk, vielleicht in jedem, das ganz aus der Schöpferkraft der Seele stammt, mehr ist, als in seine Form hineingeht - wodurch es sich von allem bloß mechanisch Entstandenen unterscheidet -, sehen wir erst unzweideutig, wenn es sich in Gegensatz zu dieser Form begibt.

- Vielleicht nicht in solcher Zuspitzung, aber der allgemeinen Struktur nach, liegt hier das Motiv für das Interesse, das die Kunst van Goghs jetzt findet.

Denn mehr wohl als bei allen anderen Malern empfindet man, daß hier ein leidenschaftlich und weit über die Grenzen der Malerei hinausschwingendes Leben, hervorbrechend aus einer ganz singulären Breite und Tiefe, in dem malerischen Talent gleichsam nur den Kanal für sein Ausströmen gefunden hat, sozusagen zufällig, als hätte es sich ebensogut in praktische oder religiöse, dichterische oder musikalische Betätigung hinausleben können.

Es scheint mir vor allem dieses glühende, in seiner Unmittelbarkeit fühlbare Leben zu sein - das freilich nur hier und da zu seiner anschaulichen Ausformung in einen sie zerstörenden Kontrast tritt -, was ganz im Sinne der hier gemeinten allgemeinen Geistesrichtung weite Kreise an van Gogh fesselt.

- Daß andrerseits in einem Teil der heutigen Jugend die Sehnsucht nach einer völlig abstrakten Kunst besteht, wird wohl aus dem Gefühl stammen, daß das Leben sich mit der Leidenschaft des unmittelbaren, nackten Selbstausdrucks in einen Widerspruch und eine Unmöglichkeit begibt, gleichviel, wie unbesorgt es diese auf sich nimmt.

Gerade die ungeheure Bewegtheit des Lebens in dieser Jugend treibt auch jene Tendenz in das absolute Extrem.

Übrigens ist es überhaupt begreiflich, daß vor allem die Jugend die hier charakterisierte

Bewegung vertritt.

Denn wenn im allgemeinen schon geschichtliche Wandlungen von äußerem oder innerem Revolutionarismus durch die Jugend getragen werden, so liegt hier noch in dem besonderen Wesen der jetzigen eine besondere Hinweisung darauf.

Denn während das Alter, bei ermattender Vitalität, sich mehr und mehr auf die objektiven *Inhalte* des Lebens (die in dem jetzigen Sinne ebenso als seine Formen zu bezeichnen sind) konzentriert, kommt es der Jugend vor allem auf den *Prozeß* des Lebens an, sie will nur dessen Kräfte und Kraftüberschuß ausleben, relativ gleichgültig, an welchen Gegenständen und deshalb oft genug treulos gegen sie.

In einer Kulturrichtung, die nur das Leben selbst und seine gegen alle Form beinahe verächtliche Äußerung inthronisiert, objektiviert sich gewissermaßen der Sinn des jugendlichen Lebens als solchen.

Endlich begegnet uns im Umkreis dieser Erwägungen noch ein bestätigendes Fundament innerhalb und in weitem Maße auch außerhalb des Kunstbetriebes.

Die *Originalitätssucht* bei so vielen jungen Leuten der Gegenwart ist vielfach, keineswegs aber ausschließlich, Eitelkeit und ein Bemühen, sich für sich selbst und andere zu einer Sensation zu machen.

In den besseren Fällen wirkt darin doch die Leidenschaft, das wirkliche eigene Leben zur Äußerung zu bringen, und die Sicherheit, daß es wirklich *seine* Äußerung ist, scheint nur gegeben, wenn nichts sonst Bestehendes, Überliefertes in sie aufgenommen ist.

Denn dies ist eine schon festgewordene, jenseits des unmittelbaren Schöpfertums objektivierte Art und Form, in die man das eigene Leben gießt, und in der es nicht nur seine Eigenheit verliert, sondern in Gefahr ist, gerade seine

Lebendigkeit in ein nicht mehr Lebendiges zu verströmen.

Was in diesen Fällen gerettet werden soll, ist nicht sowohl die Individualität des Lebens, sondern das Leben der Individualität.

Die Originalität ist sozusagen nur die ratio cognoscendi, die uns vergewissert, daß das Leben rein bei sich selbst ist und nicht Formen, die ihm äußerlich, objektiviert und starr sind, in seinen Strom oder seinen Strom in sie aufgenommen hat.

Dies ist vielleicht überhaupt, worauf ich hier nur hindeuten kann, eine tiefere Intention, die dem modernen Individualismus zugrunde liegt. -

Ich versuche nun den gleichen Grundwillen an einer der jüngsten philosophischen Bewegungen nachzuweisen, die sich am entschiedensten von den historisch gefesteten Gestaltungen der Philosophie abwendet.

Ich will sie als Pragmatismus bezeichnen, weil auf diesen Namen die bekannteste Auszweigung der Theorie, die amerikanische, getauft ist, die ich im übrigen für ihre oberflächlichste und beschränkteste halte.

In Unabhängigkeit von dieser wie von jeder anderen bisher bestehenden Fixierung erscheint mir für unser jetziges Interesse die folgende Motivation als die entscheidende.

Von allen Sondergebieten der Kultur ist keines dem Leben gegenüber selbständiger, keines so autonom, in solcher Entferntheit von den Bewegtheiten und Nöten, den Individuallsierungen und Schicksalen des Lebens ruhend, wie das Erkennen.

Nicht nur daß zwei mal zwei vier ist, oder daß die Materienmassen sich im umgekehrten Entfernungsquadrat anziehen, *gilt,* gleichviel, ob lebendige Geister es wissen oder nicht, und gleichgültig dagegen, welche Wandlungen während seines beharrenden Erkanntseins das Menschengeschlecht erlebe, sondern auch die unmittelbarer in das Leben verflochtenen Erkenntnisse spielen ihre Rolle in diesem, gerade weil sie in allem Auf und Nieder seiner Strömungen etwas diesem Unberührbares sind.

Auch das sogenannte praktische Wissen ist natürlich ein theoretisches, das nur nachträglich zu praktischen Zwecken verwendet wird, als Wissen aber einer selbstgesetzlichen Ordnung, einem idealen Reich des Wahren zugehörig bleibt.

Diese, der Wahrheit von je zuerkannte Unabhängigkeit wird vom Pragmatismus bestritten.

Jeder Schritt und Tritt des Lebens, äußeren wie inneren, - so argumentiert er - beruht auf irgendwelchen Erkenntnisvorstellungen, deren Wahrheit unser Leben erhält und fördert, deren Irrigkeit uns ins Verderben führt.

Da aber unsere Vorstellungen von unserer psychischen Artung abhängig und keineswegs mechanische Abspiegelungen der Realität sind, in die unser praktisches Leben sich verflicht, so wäre es der merkwürdigste Zufall, wenn Vorstellungen, ausschließlich in der Konsequenz subjektiver Denkweise entwickelt, zu erwünschten und berechenbaren Folgen innerhalb jener Realität führen sollten.

Das Wahrscheinliche ist vielmehr, daß unter den zahllosen, unser handelndes Leben bestimmenden Vorstellungen gewisse, auf Grund ihrer fördernden dynamischen Beeinflussung dieses Lebens den Titel der wahren erhalten, während andere von entgegengesetzten Folgen die irrigen heißen.

Es besteht also nicht jene von vornherein unabhängige Wahrheit, die nur wie nachträglich in den Lebensstrom hinabgezogen wird, um ihn richtig zu leiten, sondern umgekehrt: unter den unabsehlichen theoretischen Elementen, die dieser Lebensstrom gebiert und die rückwirkend wieder seine Richtung beeinflussen, sind solche, deren Einfluß unserem Lebenswillen gemäß ist - zufällig, könnte man sagen: aber ohne diesen Zufall würden wir nicht existieren können - und eben diese heißen uns die wahren, die richtig erkennenden.

Nicht die Objekte für sich und nicht ein souveräner Verstand in uns bestimmen den Wahrheitsgehalt unseres Vorstellens: sondern das Leben selbst, bald nach seinen groben Nützlichkeiten, bald nach seinen tiefsten seelischen Bedürfnissen erzeugt jene Wertrangierung unter unseren Vorstellungen, deren einen Pol wir als die volle Wahrheit, den anderen als den vollen Irrtum bezeichnen.

Ich kann diese Lehre hier weder ausführen noch kritisieren.

Auch kommt es mir ja nicht auf ihr Recht oder Unrecht, sondern darauf an, daß sie eben jetzt entwickelt worden ist, daß sie dem Erkennen seinen alten Anspruch nimmt, ein freischwebendes Reich zu sein, nach selbständigen ideellen Gesetzen verwaltet; nun ist es ein in das Leben verwebtes Element, aus dessen Quelle gespeist, von der Gesamtheit und Einheit seiner Richtungen und Zwecke gelenkt und von seinen fundierenden Werten her legitimiert.

Das Leben hat damit über eine bisher scheinbar von ihm abgetrennte und autonome Provinz seine Souveränität reklamiert; und mit tieferer weltanschaulicher Wendung ist dies so auszudrücken, daß die Formen des Erkennens, durch ihre innere Konsistenz, ihren selbstgenugsamen Sinn einen festen Rahmen oder ein unzerreißbares Kanevas für unsere ganze Vorstellungswelt bildend, von und in der Flutung des Lebens aufgelöst werden, sich deren werdenden und sich wandelnden Kräften und Richtungen bildsam zeigen, ohne ihnen aus einem eigenen Recht und einer zeitlosen Gültigkeit Widerstand entgegenzusetzen.

Zu reinster Ausprägung gelangt das Leben als Zentralbegriff der Weltanschauung da, wo weit über diese Umgestaltung des Erkenntnisproblems hinaus das Leben zur metaphysischen Urtatsache, zum Wesen alles Seins überhaupt wird, so daß jede gegebene Erscheinung ein Pulsschlag oder eine Darstellungsweise oder ein Entwicklungsstadium des absoluten Lebens ist: es steigt, in der Gesamtentfaltung der Welt zum Geiste, als Geist, auf, es sinkt als Materie herab.

Und wenn diese Theorie die Erkenntnisfrage durch die "Intuition" beantwortet, die jenseits alles Logischen, verstandesmäßig Vermittelten die wahre Innerlichkeit der Dinge unmittelbar erfasse - so bedeutet dies, daß nur das Leben imstande ist, das Leben zu verstehen.

Darum mußte, von dieser Seite gesehen, auch alle Objektivität, der *Gegenstand* der Erkenntnis, in Leben verwandelt werden, damit der Prozeß des Erkennens, durchaus als eine Funktion des Lebens selbst gedeutet, auch sicher sei, ein ihm ganz durchdringbares, weil ihm wesensgleiches Objekt sich gegenüber zu haben.

Während also der ursprüngliche Pragmatismus das Weltbild nur von der **Seite** des Subjekts her in Leben auflöste, ist dies nun hier auch von der Seite des Objekts her geschehen.

Von der Form als einem Weltprinzip außerhalb des Lebens, als einer Daseinsbestimmung eigenen Sinnes und eigener Macht ist nichts mehr übrig geblieben.

Was in diesem Bilde noch als Form bezeichnet werden könnte, würde nur von Gnaden des Lebens selbst bestehen.

Es akkumuliert sich diese Wendung vom Formprinzip weg in der Abneigung nicht nur des Pragmatismus, sondern aller von dem modernen Gefühl für das Leben erfüllten Denker gegen das geschlossene System, in dem die frühere, noch von dem klassischen Formgedanken beherrschte Epoche das ganze philosophische Heil gesehen hatte.

Das System will alle Erkenntnisse, mindestens in ihren allgemeinsten Begriffen, von einem Grundmotiv aus gewissermaßen symmetrisch zu einem nach allen Seiten gleichmäßig ausgebildeten Bau über- und untergeordneter Glieder vereinigen.

In der archltektonisch ästhetischen Vollendung, in der gelungenen Abrundung und Lückenlosigkeit dieses Baues sieht es - und dies ist der entscheidende Punkt - den Beweis für seine sachliche Richtigkeit und dafür, daß nun wirklich die Ganzheit des Daseins erfaßt und begriffen wäre.

Es ist die äußerste Aufgipfelung des Formprinzips überhaupt, indem es die innere Befriedigtheit

und Geschlossenheit der Form zum letzten Prüfstein der Wahrheit macht; und das ist es, wogegen sich das zwar immer formgestaltende, aber auch immer formdurchbrechende Leben zur Wehre setzt.

Die weitanschauliche Position, die diese Theorien für das Leben gewinnen, ist in zwei Richtungen fest gelegt: es wird von ihm her einerseits der Mechanismus als kosmisches Grundprinzip verworfen; er ist vielleicht eine Technik des Lebens, vielleicht eine Verfallserscheinung seiner.

Andrerseits ebenso die Idee als metaphysische Selbständigkeit, als oberste und unbedingte Leitung oder Substanz alles Daseins.

Das Leben will nicht von dem beherrscht sein, was unter ihm ist, aber es will überhaupt nicht beherrscht sein, also auch nicht von der Idealität, die sich den Rang oberhalb seiner zuspricht.

Wenn sich dennoch kein höheres Leben dem entziehen kann, sich unter der Führung der Idee - sei es als transzendenter Macht, sei es als sittlicher oder sonst wertmäßiger Forderung - zu wissen, so scheint dies jetzt nur dadurch möglich oder dadurch mit einer Chance des Gelingens ausgestattet, daß die Ideen selbst aus dem Leben kommen.

Es ist das Wesen des Lebens, sein Führendes und Erlösendes, sein Gegensätzliches und Siegend-Besiegtes aus sich selbst zu erzeugen; es erhält und erhebt sich gleichsam auf dem Umwege über sein eigenes Erzeugnis, und daß dieses ihm gegenübersteht, selbständig und richtend - das ist eben seine eigene Urtatsache, ist die Art, wie es selbst lebt.

Die Gegnerschaft, in die es so mit dem Höheren-seiner-Selbst gerät, ist der tragische Konflikt des Lebens als Geist, der natürlich jetzt in dem Maße fühlbarer wird, in dem das Leben sich bewußt wird, ihn wirklich aus sich selbst zu erzeugen und deshalb organisch, unausweichlich mit ihm behaftet zu sein.

In allgemeinster kultureller Hinsicht angesehen, bedeutet diese ganze Bewegung die Abwendung von der Klassik als dem absoluten Menschheits- und Erziehungsideal.

Denn die Klassik steht durchaus im Zeichen der Form, der gerundeten, in sich befriedigten Gestaltung, die sich durch ihre ruhige Geschlossenheit als die Norm für Leben und Schaffen weiß.

Auch hier ist gewiß noch nichts positiv Genügendes und Geklärtes an die Stelle des alten Ideals gesetzt.

Gerade deshalb zeigt der Kampf gegen die Klassik, daß es sich zunächst gar nicht um das Aufbringen einer neuen Kulturform handelt, sondern daß das seiner selbst gewisse Leben sich nur von dem Zwang der Form überhaupt befreien will, dessen historischer Repräsentant die Klassik ist. -

Ganz kurz kann ich mich mit dem Hinweis auf die gleiche Grundtendenz in einer

Sondererscheinung der ethischen Kultur fassen.

Mit dem Namen der "Neuen Ethik" bezeichnet sich eine Kritik der bestehenden Sexualverhältnisse, deren Propaganda von einer kleineren Gruppe betrieben, deren Bestrebungen aber von einer großen geteilt werden.

Diese Kritik richtet sich hauptsächlich gegen zwei Elemente der bestehenden Zustände, die Ehe und die Prostitution.

Will man ihr Motiv ganz prinzipiell ausdrücken, so ist es dies: daß das erotische Leben seine eigenste, innerste Kraft und sinngemäße Richtung den Formen gegenüber durchsetzen will, in die unsere Kultur es im allgemeinen eingefangen und damit in Erstarrung und Widersprüche versetzt hat.

Die Ehe, tausendfach aus anderen als den eigentlich erotischen Gründen geschlossen, die lebendige Flutung dieser tausendfach entweder zur Versumpfung führend oder ihre Individualisiertheit an unbiegsamen Traditionen und legalen Grausamkeiten zerschellend; die Prostitution, zu einer fast legalen Einrichtung geworden, die das Liebesleben des)ungen Menschen in einen entadelten, karikierten, seiner tiefsten Natur widersprechenden Verlauf zwingt

- das sind die Formen, gegen die das unmittelbare und echte Leben hier revoltiert, Formen, die diesem vielleicht in anderen Kulturverhältnissen nicht ebenso unangemessen waren, jetzt aber die aus seiner letzten Quelle hervorbrechenden Kräfte gegen sich aufrufen.

Unvergleichlich entschiedener als auf den anderen Kulturgebieten ist hier festzustellen, wie wenig dem durchaus positiven Grundantrieb zur Vernichtung der Formen bisher die positive Neuformung korrespondiert.

Kein Vorschlag jener Reformatoren wird irgendwie allgemein als ausreichender Ersatz der von ihnen verurteilten Formen empfunden.

Der typische Kulturwandel: Bekämpfung und Ersatz der veralteten Form durch eine neuaufstrebende, steht hier ganz besonders weit zurück.

Die Kraft, die sich in die letztere zu kleiden bestimmt ist, richtet sich vorläufig, sozusagen hüllenlos, unmittelbar gegen die von dem echten erotischen Leben verlassenen Formen, steht aber damit, den nun oft betonten Widerspruch begehend, im Leeren, da das erotische Leben, sobald es irgendwie im Kulturzusammenhange steht, schlechterdings einer Geformtheit bedarf.

Dennoch sieht, den früheren Erwägungen entsprechend, nur der oberflächliche Blick hier bloße Zügellosigkeit und anarchische Gelüste - da auf diesem Gebiet allerdings die bloße Formlosigkeit schon diese Aspekte bietet. In der Tiefe aber, wo solche überhaupt vorhanden ist, liegt es anders.

Das echte Leben der Erotik fließt in ganz individuellen Kanälen, und die Opposition richtet sich gegen jene Formen, weil sie dieses Leben in allgemeine Schemata einfangen und damit seine jeweilige Besonderheit vergewaltigen.

Hier wie in vielen der anderen Fälle ist es der Kampf zwischen Leben und Form, der, weniger abstrakt, weniger metaphysisch, als Kampf zwischen Individualisierung und Verallgemeinerung ausgefochten wird.

- Eine Stimmung innerhalb der gegenwärtigen Religiosität fordert, wie mir scheint, die ganz entsprechende Deutung.

Ich knüpfe diese an die seit ein oder zwei Jahrzehnten beobachtete Tatsache, daß nicht wenige geistig vorgeschrittene Persönlichkeiten ihre religiösen Bedürfnisse mit der Mystik befriedigen.

Im ganzen kann man wohl annehmen, daß all diese in den Vorstellungskreisen einer der bestehenden Kirchen aufgewachsen sind.

Indem sie sich nun der Mystik zuwenden, ist eine doppelte Motivierung unverkennlich.

Einmal, daß die Formen, die das religiöse Leben an objektiven, inhaltlich bestimmten Bildreihen ablaufen lassen, eben diesem Leben nicht mehr genügen; andrerseits, daß dessen Sehnsucht damit nicht etwa abgetötet ist, sondern sich andere Ziele und Wege sucht.

Für die Verlegung dieser in die Richtung der Mystik erscheint vor allem entscheidend, daß damit die Festumrissenheit, die Grenzbestimmtheit der religiösen Form aufgehoben ist.

Hier ist eine Gottheit, die über jede personale, also schließlich doch als partikular empfundene Gestaltung hinausreicht, hier eine unbestimmte Weite des religiösen Gefühls, das sich an keine dogmatische Schranke stößt, und seine Vertiefung in eine formlose Unendlichkeit, hier seine Entwicklung aus der kraftgewordenen Sehnsucht der Seele allein.

Die Mystik scheint die letzte Zuflucht der religiösen Naturen zu sein, die sich noch nicht von jeder transzendenten Formung lösen können, sondern - sozusagen vorläufig - nur von jeder bestimmten, inhaltlich festgelegten.

Die tiefste Entwicklungsrichtung aber - mag sie in sich widerspruchsvoll und ihrem Ziele ewig fern sein oder nicht - scheint mir dahin zu drängen, die Glaubensgebilde in das religiöse *Leben,* in die Religiosität als eine rein funktionelle Gestimmtheit des inneren Lebensprozesses aufzulösen, aus der jene emporgestiegen sind und noch immer emporsteigen.

Bisher hat der Wandel der religiösen Kultur sich in der hier immer aufgezeigten Art vollzogen: daß eine bestimmte Ausformung des religiösen Lebens, bei ihrer Entstehung seinen Kräften und Wesenszügen völlig angemessen, allmählich in Veräußerlichung und Verengerung erstarrt und von einer neu aufkommenden Form verdrängt wird, in der die Dynamik und jetzige Gerichtetheit des religiösen Impulses wieder unmittelbar lebt; das heißt, es ist noch immer eine religiöse Gestaltung, eine Reihe von Glaubensinhalten, an die Stelle der überlebten getreten.

jetzt aber sind, für eine jedenfalls sehr große Zahl von Menschen, die jenseitig-realen Gegenstände des religiösen Glaubens radikal ausgeschaltet - ohne daß darum ihr religiöses Wollen wegfiele.

Aber das in diesem wirksame Leben, das sich sonst in jenem Aufbringen neuer adäquater Dogmengehalte offenbarte, fühlt sich in dem ganzen Gegenüber eines glaubenden Subjektes und eines geglaubten Objektes nicht mehr zutreffend ausgedrückt.

In dem Endzustand, auf den diese ganze innere Umstimmung hinaussieht, würde Religion sich als eine Art der unmittelbaren Lebensgestaltung vollziehen, gleichsam nicht als eine einzelne Melodie innerhalb der Lebenssymphonie, sondern als die Tonart, in der diese sich als ganze abspielt; der Raum des Lebens, ausgefüllt von allen weltmäßigen Inhalten, von Handeln und Schicksal, Denken und Fühlen, würde mit all diesem durchdrungen sein von jener einzigartigen inneren Einheit der Demut und der Erhebung, der Spannung und des Friedens, der

Gefährdung und der Weihe, die wir eben nur religiös nennen können; und an dem so verbrachten Leben selbst würde der absolute Wert empfunden werden, der diesem Leben sonst von den einzelnen Formungen, in die es sich faßte, den einzelnen Glaubensinhalten, zu denen es kristallisierte, zu kommen schien.

Einen Vorklang hiervon, transponiert freilich in die der Mystik noch letztverbliebene Form, läßt Angelus Silesius hören, wenn er den religiösen Wert von aller Fixierung an irgend etwas Spezifisches löst und als seinen Ort das überhaupt gelebte Leben erkennt:

"Der Heil'ge, wenn er trinkt,

Gefallet Gott so wohl

Wie wenn er bet' und singt."

Es handelt sich nicht etwa um die sogenannte "diesseitige Religion".

Denn auch diese heftet sich noch immer an bestimmte Inhalte, nur daß sie empirisch statt transzendent sind; auch sie kanalisiert das religiöse Leben in gewisse Formen von Schönheit und Größe, von Erhabenem und lyrischer Bewegtheit - im Grunde genommen lebt sie von den verhüllt weiterwirkenden Resten der transzendenten Religiosität, ein unklares Zwischending.

Hier aber steht Religiosität als ein unmittelbarer, jeden Pulsschlag einschließender Lebensprozeß in Frage, ein Sein, nicht ein Haben, ein Frommsein, das, wenn es Gegenstände hat, Glauben heißt, nun aber eine Art ist, wie das Leben selbst sich vollzieht, nicht eine Stillung der Bedürfnisse von einem Außen her - wie der expressionistische Maler sein künstlerisches Bedürfnis nicht durch Anschmiegen an einen Außengegenstand befriedigt - sondern es wird ein kontinuierliches Leben aus einer Tiefe heraus gesucht, in der es sich noch nicht in Bedürfnis und Erfüllung zerlegt hat und also keinen "Gegenstand" braucht, der ihm eine bestimmte Form vorschriebe.

Das Leben will sich unmittelbar als religiöses aussprechen, nicht in einer Sprache mit gegebenem Wortschatz und vorgeschriebener Syntax.

Mit einem nur anscheinend paradoxen Ausdruck könnte man sagen: die Seele will ihre Gläubigkeit bewahren, während sie den Glauben an alle bestimmten, vorbestimmten Inhalte verloren hat.

Diese Gerichtetheit religiöser Seelen, die oft in Ansätzen, wunderlicher Unklarheit, sich selbst mißverstehender, rein negativer Kritik fühlbar ist, begegnet nun freilich jener tiefsten Schwierigkeit: daß das Leben in dem Augenblick, in dem es als geistiges zu Worte kommt, dies eben doch nur in *Formen* kann, in denen allein auch seine *Freiheit* wirklich zu werden vermag, obgleich sie in demselben Akt auch die Freiheit beschränken.

Gewiß ist Frömmigkeit oder Gläubigkeit eine Verfassung der Seele, die mit ihrem Leben selbst gegeben ist und es auch dann in bestimmter Weise färben würde, wenn ihr nie ein religiöser Gegenstand gegeben würde - wie eine erotische Natur ihren Charakter als eine solche immer bewahren und bewähren müßte, sollte sie auch nie ein für sie liebenswertes Individuum treffen.

Dennoch ist es mir zweifelhaft, ob nicht der Grundwille eines religiösen Lebens unvermeidlich eines Objektes bedarf, ob jener rein funktionelle Charakter, seine an sich formlose, nur das Auf und Nieder des Lebens überhaupt färbende, weihende Dynamik, die jetzt den definitiven Sinn so vieler religiöser Bewegtheiten zu bilden scheint, nicht ein bloßes, eigentlich ideell bleibendes Zwischenspiel ist, der Ausdruck einer Lage, in der die bestehenden religiösen Formen von dem religiösen Innenleben durchbrochen und verworfen werden, ohne daß es neue an deren Stelle setzen könnte; wobei denn hier wie anderswo die Vorstellung entsteht, dieses Leben könne überhaupt ohne Formen von eigenen objektiven Bedeutungen und Forderungsrechten, und mit dem bloßen Ausströmenlassen seiner von innen vorbrechenden Kraft auskommen.

Jene Unmöglichkeit, die kirchlich überlieferten Religionen noch länger zu bewahren, während der religiöse Antrieb aller "Aufklärung" zum Trotz weiterbesteht (da diese der Religion nur ihr Kleid, aber nicht ihr Leben rauben kann) - gehört zu den tiefsten inneren Schwierigkeiten unzähliger moderner Menschen; die Steigerung dieses Lebens zu einem völligen Selbst-Genügen, die Verwandlung gleichsam des Transitivums Glauben in ein Intransitivum ist ein bestechender Ausweg, der aber vielleicht auf die

Dauer in keinen geringeren Widerspruch verwickelt.

So offenbart sich an all diesen und noch mehreren Erscheinungen der Konflikt, in den sich das Leben nach seiner Wesensnotwendigkeit begibt, sobald es im weitesten Sinne kulturell ist, das heißt entweder schöpferisch oder Geschaffenes sich aneignend.

Dieses Leben muß entweder Formen erzeugen oder sich in Formen bewegen.

Wir sind zwar das Leben unmittelbar und damit ist ebenso unmittelbar ein nicht weiter beschreibliches Gefühl von Dasein, Kraft, Richtung verbunden; aber wir *haben* es nur an einer jeweiligen Form, die, wie ich schon betonte, im Augenblick ihres Auftretens sich einer ganz anderen Ordnung angehörig zeigt, mit Recht und Bedeutung eigener Provenienz ausgestattet, einen übervitalen Bestand behauptend und beanspruchend.

Damit aber entsteht ein Widerspruch gegen das Wesen des Lebens selbst, seine wogende

Dynamik, seine zeitlichen Schicksale, die unaufhaltsame Differenzierung jedes seiner Momente.

Das Leben ist unlöslich damit behaftet, nur in der Form seines Widerspiels, das heißt in einer *Form* in die Wirklichkeit zu treten.

Dieser Widerspruch wird krasser und scheint unversöhnlicher in dem Maße, in dem jene Innerlichkeit, die wir nur Leben schlechthin nennen können, sich in ihrer ungeformten

Stärke geltend macht, in dem andrerseits die Formen sich in ihrem starren Eigenbestand, ihrer Forderung unverjährbarer Rechte als der eigentliche Sinn oder Wert unserer Existenz anbieten, vielleicht also in dem Maße, in dem die Kultur gewachsen ist.

Hier will also das Leben etwas, was es gar nicht erreichen kann, es will sich über alle Formen hinweg in seiner nackten Unmittelbarkeit bestimmen und erscheinen - allein das durchaus von ihm bestimmte Erkennen, Wollen, Gestalten kann nur die eine Form durch die andere, niemals aber die Form überhaupt durch das

Leben selbst, als das der Form Jenseitige, ersetzen.

Alle jene leidenschaftlich stürmenden oder sich langsam vorarbeitenden Angriffe gegen die Formen unserer Kultur, die klarer oder verhüllter gegen diese die Kraft des Lebens eben nur als Leben und weil es Leben ist, einsetzen, sind Offenbarungen des tiefsten inneren Selbstwiderspruches des Geistes, sobald er sich zur Kultur entwickelt, das heißt sich in Formen dartut.

Und es will mir allerdings scheinen, als ob von allen geschichtlichen Epochen, in denen dieser chronische Konflikt sich zum akuten gesteigert hat und die ganze Breite der Existenz zu erfassen suchte, noch keine ihn so deutlich wie die unsere als ihr Grundmotiv enthüllt hätte.

Aber es ist auch ein ganz philiströses Vorurteil, daß alle Konflikte und Probleme dazu da sind, gelöst zu werden.

Beide haben in Haushalt und Geschichte des Lebens noch andere Aufgaben, die sie, unabhängig von ihrer eigenen Losung, erfüllen, und sie sind deshalb keineswegs umsonst gewesen, auch wenn die Zukunft nicht den

Konflikt durch seine Schlichtung, sondern nur seine Formen und Inhalte durch andere ablöst.

Denn freilich machen all jene erörterten problematischen Erscheinungen uns bewußt, um wie vieles zu widerspruchsvoll das Gegenwärtige ist, um bei ihm stehen zu bleiben - dem Maße nach zweifellos auf einen fundamentaleren Wandel hinweisend, als wenn dieser nur die Umbildung einer bestehenden Form in eine neu empordrängende beträfe.

Denn kaum je erscheint in dem letzteren Falle die Brücke zwischen dem Vorher und dem Nachher der Kulturformen so ganz abgerissen wie jetzt, so daß nur noch das an sich formlose Leben zu bleiben scheint, um sich in die Lücke zu stellen.

Ebenso zweifellos aber treibt es auf jenen typischen Kulturwandel hin, auf die Schöpfung neuer, den jetzigen Kräften angepaßter Formen, mit denen aber nur - vielleicht langsamer bewußt werdend, den offenen Kampf länger hinausschiebend - ein Problem durch ein neues, ein Konflikt durch einen anderen verdrängt wird.

Damit aber erfüllt sich die echte Vorzeichnung des Lebens, das ein Kampf in dem absoluten Sinne ist, der den relativen Gegensatz von

Kampf und Frieden umgreift, während der absolute Frieden, der vielleicht diesen Gegensatz ebenso einschließt, das göttliche Geheimnis bleibt.